रहीम

(जीवन कथा)

रहीम

अशोक कुमार

श्रृंखला संपादक

लीलाधर मंडलोई

वाणी प्रकाशन ग्रुप
भारतीय ज्ञानपीठ
वाणी प्रकाशन : भारतीय ज्ञानपीठ की पुस्तकों के एकमात्र प्रकाशक एवं वितरक

शिक्षोदय ग्रन्थमाला : ग्रन्थांक 051

पहला संस्करण : 2017
दूसरा संस्करण : 2025

वाणी प्रकाशन : भारतीय ज्ञानपीठ की पुस्तकों के एकमात्र प्रकाशक एवं वितरक

वाणी प्रकाशन
4695, 21-ए, दरियागंज, नयी दिल्ली-110 002
दूरभाष : 011-23273167, 23275710
ईमेल : sales@vaniprakashan.in
www.vaniprakashan.com

ISBN : 978-93-7112-450-8

मूल्य : ₹ 295

रहीम

(जीवन कथा)

अशोक कुमार

RAHEEM
(Jeevan Katha)
by Ashok Kumar

मुद्रक : आर. टेक ऑफ़सेट प्रिंटर्स, दिल्ली-110 032

भारत के भविष्य : युवा साथियों के लिए

मेरी बात

बच्चो ! आपने रहीम के दोहे अपने स्कूल में हिन्दी की पाठ्य पुस्तक में जरूर पढ़े होंगे। लेकिन आप में से कम बच्चों को ही पता होगा कि रहीम का पूरा नाम अब्दुर्रहीम खानखाना था। वे आज से करीब 450 साल पहले भारत के मुगल बादशाह अकबर के दरबार के बीरबल, टोडरमल सरीखे नौ रत्नों में से एक थे। वे जीवन और नीति के व्यावहारिक पाठ पढ़ानेवाले दोहों के अमर रचयिता तो थे ही, एक जांबाज योद्धा और कुशल रणनीतिकार भी थे और इसी वजह से अकबर ने उन्हें गुजरात और दक्षिण भारत में अपने साम्राज्य का विस्तार करने की जिम्मेदारी सौंपी थी, जिसे उन्होंने बड़ी कुशलता से निभाया था। इसके लिए उन्हें 'खानखाना' की उपाधि से सम्मानित किया गया था। रहीम अकबर के पिता हुमायूँ के जांबाज सेनापति बैरम खाँ के बेटे थे। वह सत्ता के लिए निरन्तर साजिशों और लड़ाइयों के कारण भारी उथलपुथल का दौर था और रहीम का बचपन इन्हीं साजिशों और उथलपुथल के बीच अपने पिता की हत्या के बाद अकबर के संरक्षण में बीता था। एक जाँबाज योद्धा और उदार बादशाह के संरक्षण में पले-बढ़े रहीम का व्यक्तित्व भी लगभग वैसा ही बन गया था। वे अपने युद्धकौशल के कारण तो मशहूर थे

ही, अपनी हाजिर जवाबी और दानशीलता के कारण भी उतने ही विख्यात थे। जो सेनापति लड़ाई जीतने के बाद अपने सैनिकों के बीच अपनी सारी दौलत, यहाँ तक कि अपना कलमदान भी दान में दे सकता है या किसी कवि को उसकी दो पंक्तियों के लिए लाखों रुपये दान में दे सकता है, उसकी उदारता और कलाप्रियता का इससे बड़ा उदाहरण क्या हो सकता है। इस पुस्तक में आप ऐसी ही एक शख्सियत के जीवन के और भी दिलचस्प और प्रेरक किस्से पढ़ेंगे। इस जीवनी को तैयार करने में इतिहास की 'एडवांस्ड हिस्टरी ऑफ इंडिया', विन्सेंट स्मिथ की पुस्तक 'अकबर द ग्रेट', अबुल फजल की 'आईने अकबरी' सरीखी पुस्तकों के अलावा श्री विजयेंद्र स्नातक की पुस्तक 'रहीम', मुगल बादशाह जहांगीर की 'जहांगीरनामा', 'रहिमन रत्नावली', 'रहिमन नीति दोहावली', 'रहिमन विलास', 'रहीम ग्रन्थावली' से काफी सहायता मिली.

—अशोक कुमार

दीन सबन को लखत है, दीनहिं लखै न कोय।
जो रहीम दीनहिं लखै, दीनबन्धु सम होय॥

—अब्दुर्रहीम खानखाना

रहीम : जीवन-कथा

रहिमन धागा प्रेम का, मत तोड़ो छिटकाय।
टूटे से फिर ना मिले, मिले गांठ परि जाय॥
रहिमन पानी राखिए, बिन पानी सब सून।
पानी गए न उबरैं, मोती, मानुस, चून॥
खैर, खून खाँसी, खुशी, बैर, प्रीति, मदपान।
रहिमन दाबे ना दबे, जानत सकल जहान॥
रहिमन निज मन की बिथा, मन ही राखो गोय।
सुनि अठिलैहें लोग सब, बाँटि न लैहें कोय॥

जन-जन की यादों और जबान पर बस चुके ऐसे सैकड़ों ज्ञानप्रद दोहों, सवैयों और पदों आदि के अमर रचयिता रहीम (मूल नाम अब्दुर्रहीम खानखाना) का जीवन, उनकी कहानी बेहद लोमहर्षक है। उनकी रचनाएँ व्यक्ति को अपने मन के भीतर झाँकने, अपने आसपास की दुनिया को नई दृष्टि से देखने को विवश करती हैं। बच्चो! मुगलकालीन भारत के एक जुझारू योद्धा और एक लोकप्रिय कवि रहीम की कहानी जानने से पहले उस कालखंड और उन ऐतिहासिक परिस्थितियों को समझ लेना उपयुक्त होगा, जिनके बीच यह प्रतिभा निखरी। आखिर, किसी भी व्यक्ति का व्यक्तित्व, संस्कार,

बैरम खाँ का युद्ध कौशल

स्वभाव, रुझान, नजरिया उसके देश, स्थान, समाज, और सबसे बढ़कर उसके परिवार की परिस्थितियों से निर्मित होती हैं। रहीम को एक योद्धा के साथ-साथ एक भावप्रधान कवि भी इन्हीं परिस्थितियों ने ही बनाया था। उनका जन्म 17 दिसम्बर, 1556 को लाहौर में हुआ और वे करीब बहत्तर साल जिन्दा रहे। वह जो दौर था वह भारत को अपनी तलवारों के बूते जीतने पर आमादा अफगान और मुगल आक्रमणकारियों के बीच खूनी लड़ाइयों का और मुगल सल्तनत के मजबूत होते जाने का दौर था। 1526-30 के बीच भारत में अपनी-अपनी सत्ता के विस्तार के लिए आपस में संघर्ष कर रहे राजपूत

सामन्तों और देश के कुछ हिस्सों पर कब्जा जमा चुके अफगानों को परास्त करके तुर्क योद्धा बाबर ने मुगलों के राज की नींव डाल दी थी। उसने अपना राज तो मजबूत किया मगर किसी अखिल भारतीय शासनतन्त्र की स्थापना महज चार साल के उसके शासनकाल में मुश्किल थी। इतिहासकार विलियम एस्काईन के मुताबिक, उस दौर में हर रियासत, हर सूबा, हर जिला, यहाँ तक कि हर गाँव अपनी खास रीति-रिवाजों, नियम-कायदों पर चलता था। ऐसे कानून नहीं थे, जो पूरे देश पर लागू थे। बहरहाल, बाबर की मौत के बाद उसकी गद्दी पर बैठनेवाला उसका बेटा हुमायूँ अपने पिता के द्वारा डाली गयी नींव पर शुरू में मुगल सल्तनत की इमारत नहीं खड़ी कर पाया। अपने भाइयों की साजिशों और अफगानों की दबिश के कारण उसे अपनी सत्ता गँवानी पड़ी। 1530-40 के बीच अफगानों का वर्चस्व फिर कायम हो गया। मुगलों ने इसके बाद हुमायूँ और उसके बाद उसके बेटे अकबर के नेतृत्व में अपनी सत्ता फिर से इस तरह कायम की कि उसने भारत का इतिहास बदल डाला।

उस समय के भारतीय समाज पर नजर डालें तो पाएँगे कि वह पूरी तरह सामन्ती व्यवस्था में जकड़ा हुआ था, जिसका सर्वोच्च शिखर बादशाह था। उसके नीचे रियासतों और राजे-रजवाड़ों, सामन्तों, जमींदारों, जागीरदारों का जाल बिछा था जिसमें आम जनता पिसती रहती थी। शासक वर्ग आम लोगों का शोषण करके पूरे शानो-शौकत और अय्याशी के साथ जीवन जीता था। बीच में एक तबका सरकारी अमला का था, जो कुछ बेहतर स्थिति में था। हिन्दू हो या मुसलमान, सभी अन्धविश्वासों की गिरफ्त में थे। सती, दहेज, बाल विवाह, बहुविवाह जैसी कुप्रथाओं का बोलबाला था। बार-बार

बैरम खाँ दरबार में

पड़नेवाले अकाल के कारण लोगों की आर्थिक स्थिति बदतर हाल में रहती थी। ऊपर से जमींदारों, जागीरदारों द्वारा करों की वसूली उनकी कमर तोड़ डालती थी। अफगान शासक शेरशाह और फिर मुगल बादशाह अकबर के राज में शासनतन्त्र को काफी व्यवस्थित किया गया और हिन्दुओं तथा मुसलमानों के बीच आपसी सद्‌भाव तो बढ़ा मगर शासक वर्ग में सत्ता कायम करने, उसके विस्तार के लिए साजिशों, संघर्षों के कारण निरन्तर तनाव और खूनखराबे के हालात बने रहते थे।

उथलपुथल के बीच बचपन

रहीम का बचपन इन्हीं षड्यन्त्रों और साजिशों को देखते हुए गुजरा, क्योंकि उनका जन्म सर्वोच्च सत्ता के केन्द्र से बेहद करीबी से जुड़े परिवार में हुआ था। उनका पिता बैरम खाँ मुगल बादशाह हुमायूँ का सबसे विश्वस्त सलाहकार–रणनीतिकार और सेनापति था। इसके अलावा वह हुमायूँ के बेटे अकबर के बचपन तथा युवावस्था में उसका संरक्षक था। उसने मुगल राज को विस्तार तथा मजबूती देने में प्रमुख भूमिका निभाई थी। तुर्क पिता सैफ अली का बेटा बैरम बेग अपनी तेज बुद्धि और युद्धकौशल के बूते अपनी युवावस्था में ही हुमायूँ का करीबी बन गया था और बादशाह के प्रति वफादारी के बल पर उसके दरबार में मुसाहिब के दर्जे से सेनापति तक और हुमायूँ का साढ़ू तक बन गया था। बैरम बेग को 'खाँ' की उपाधि 1544 में ईरान के बादशाह ने प्रदान की थी और यही बाद में रहीम के नाम के साथ 'खानखाना' की उपाधि के तौर पर जुड़ गया था। हुमायूँ को गुजरात में चम्पाणेर किले पर विजय दिलाने के युद्ध से लेकर अफगान बादशाह शेरशाह सूरी से कन्नौज तथा चौसा की लड़ाइयों में भी बैरम खाँ ही उसका सेनापति था। दोनों की रणनीति और युद्धकौशल ने हिन्दुस्तान पर चढ़ाई में उनकी जीत पक्की कर दी। बैरम खाँ से शेरशाह भी इतना प्रभावित था कि उसने उसे अपने साथ आ जाने का न्यौता दिया था लेकिन बैरम ने हुमायूँ के प्रति अपनी वफादारी कायम रखी। 1554 में शेरशाह सूरी के बेटे सलीमशाह की मौत के बाद हुमायूँ ने हिन्दुस्तान पर विजय का अभियान फिर शुरू किया और 1555 में उसने लाहौर और फिर दिल्ली की गद्दी

पर कब्जा कर लिया। यहाँ अपना रसूख बढ़ाने के लिए हुमायूँ ने यहाँ के अमीर–उमरावों से रिश्ता जोड़ने की रणनीति बनायी और मेवात के एक जमींदार जमाल खाँ की एक बेटी से अपनी शादी की और दूसरी बेटी सुलताना बेगम से अपने सबसे भरोसेमन्द सेनापति बैरम खाँ की शादी करवा दी। इस तरह हुमायूँ ने बैरम को अपना साढ़ू बना लिया। इन्हीं सुलताना बेगम ने लाहौर में 17 दिसम्बर, 1556 को रहीम को जन्म दिया, जब बैरम खाँ करीब 55 साल का था। माना जाता है कि मेवात के जादौन राजपूतों ने फिरोज शाह तुगलक के दौर (1309–88) में इस्लाम धर्म कबूल कर लिया था। यानी रहीम की माँ सुलताना बेगम मूलतः जादौन राजपूत वंश की थीं। माना जाता है कि जादौन राजपूत दरअसल कृष्ण के वंशज थे। कुछ लोग मानते हैं कि रहीम में कृष्ण के प्रति भक्ति की भावना इसी वजह से थी। रहीम के जन्म के बाद ही बैरम को खानखाना की उपाधि मिली। नवम्बर ,1555 में हुमायूँ ने अपने 13 वर्षीय शाहजादे अकबर को पंजाब का सूबा सौंप दिया और बैरम खाँ को उसका अतालिक (संरक्षक) नियुक्त कर दिया।।

लेकिन हुमायूँ अगला साल शुरू होते ही 27 जनवरी, 1556 को चल बसा। बैरम ने फौरन अकबर को लाहौर की गद्दी पर बैठा दिया और पूरा राजकाज अपने हाथ में ले लिया। उस समय अकबर मात्र 13 वर्ष का किशोर था, लेकिन इस उम्र में ही वह एक जांबाज योद्धा बनकर उभर रहा था। अकबर के संरक्षक के तौर पर बैरम खाँ ने न केवल उसे उसके दरबारियों, सरदारों और बागियों की कुटिल साजिशों से बचाया बल्कि पानीपत की निर्णायक जंग में हेमू पर विजय दिलाने की सफल रणनीति बनाकर साम्राज्य विस्तार में

रहीम

भी मदद दी। एक शाहजादे को बादशाह बनाने और उसके साम्राज्य विस्तार में अपनी अहम भूमिका निभाने के कारण बैरम खाँ के भीतर एक तो मदान्धता बढ़ने लगी थी, वह मान बैठा था कि बादशाह अकबर का काम उसके बिना चल ही नहीं सकता। दूसरे, उससे जलने वालों की संख्या भी बढ़ने लगी थी। उधर, बढ़ती उम्र के साथ अकबर की महत्वाकांक्षाएँ भी जवान होने लगी थीं। इतिहासकार विंसेंट स्मिथ ने अपनी मशहूर पुस्तक 'अकबर द ग्रेट' में लिखा है कि '1560 में अकबर जब 18 साल का हो गया तब उसने खुद को एक पूरे मर्द की तरह महसूस करना शुरू कर दिया। अपने संरक्षक के अभिभावकत्व की बेड़ियों से उसे चिढ़ होने लगी, वह महज नाम

बादशाह का दरबार

का नहीं बल्कि असलियत में बादशाह बनना चाहता था।' उसकी इस ख्वाहिश को उसके परिवार की महत्वाकांक्षी महिलाओं से शह मिल रही थी। इन महिलाओं में खुद अकबर की माँ हमीदा बानू बेगम, उसकी उपमाता माहम अनगा के अलावा अनगा का बेटा आदम खाँ भी शामिल था। अकबर खुद इस बात से भी रुष्ट था कि उसके लिए कोई निजी कोष नहीं तय किया गया था, जबकि बैरम खाँ की अमीरी बढ़ती जा रही थी। उसके कुछ फैसले, उसके द्वारा की गयी कुछ नियुक्तियों ने दरबार में सिया–सुन्नी खेमेबन्दी को तेज कर दिया। मसलन, सदर–ए–सुदूर के पद पर शेख गदई की नियुक्ति के अलावा कुछ और नियुक्तियों से सुन्नी दरबारी नाराज हो गए कि

बादशाह के द्वारा शिकार खेलना

वह शियाओं की तरफदारी कर रहा है। अकबर के कान भरे जाने लगे। अन्ततः अकबर ने उस समय आगरा में रह रहे बैरम खाँ को पत्र भेजा कि 'आपकी ईमानदारी और वफादारी पर पूरा भरोसा रखते हुए मैंने सल्तनत का सारा अहम कामकाज आपके सुपुर्द कर दिया था और केवल अपने ऐशोआराम के बारे में सोचने लगा था। लेकिन अब मैंने हुकूमत की बागडोर अपने हाथ में लेने का फैसला कर लिया है। इसलिए बेहतर यही होगा कि आप मक्का का दौरा करें, जिसके बारे में आप सोचते रहे हैं। आपको माकूल जागीर दे दी जाएगी।' इस पत्र के बाद बैरम खाँ के कुछ शुभचिन्तक सरदारों ने उसे बगावत करने की सलाह दी और एक बार खुद उसके मन में

बैरम खाँ दरबार में

भी खुली बगावत करने का ख्याल आया। मगर उसने अपनी पुरानी वफादारी को कायम रखते हुए इस विचार को झटक दिया। लेकिन उसे मक्का रवाना करने के लिए जब उसके एक पुराने मातहत पीर मोहम्मद को तैनात किया गया तो इसे अपना अपमान मानकर बैरम खाँ ने विद्रोह कर दिया। अपने परिवार को छोड़ वह पंजाब पहुँचा, जहाँ शाही सेना से झड़प कर बैठा और मात खाई। उसे पकड़कर अकबर के दरबार में पेश किया गया। उसने अपनी गलती कबूल की, जिसे अकबर ने मान लिया और उसके मक्का जाने का इन्तजाम कर दिया। अपने पूरे परिवार के साथ मक्का की ओर बढ़ते हुए जब वह जनवरी, 1561 में गुजरात के पाटन पहुँचा तो एक अफगान

अकबर के दरबार में

सरदार मुबारक खाँ ने अपनी पुरानी दुश्मनी (बताया जाता है कि बैरम के नेतृत्व में मुगल सेना ने मुबारक के पिता को मौत के घाट उतार दिया था) का बदला लेने के लिए बैरम खाँ की हत्या कर दी। उस समय रहीम करीब पाँच साल के ही थे। बैरम के विश्वस्त साथी मोहम्मद अमीन दीवाना और बाबा जम्बूर किसी तरह अफगान लुटेरों से लड़ते हुए रहीम और उनकी माँ को बचाकर अहमदाबाद ले आए। एक तथ्य यह भी है कि इस हमले में रहीम की अपनी माँ की भी मौत हो गयी थी और रहीम के साथ उनकी सौतेली माँ सलीमा बेगम थीं (जो बाबर की नातिन थीं और जिनसे बैरम ने 1557 में शादी की थी)।

अकबर के संरक्षण में

अकबर को जब इस वारदात की खबर मिली तो उसने रहीम और सलीमा बेगम को अपने संरक्षण में आगरा बुला लिया। अपनी छोटी-सी उम्र में अपने पिता की हत्या का सदमा झेलनेवाले रहीम को जब अकबर ने अपने संरक्षण में रख लिया, तो रहीम के जीवन ने एक निर्णायक मोड़ ले लिया। अकबर ने रहीम के साथ वैसा ही प्रेम भाव रखा, जैसा रहीम के पिता बैरम खाँ ने अपने संरक्षण में अकबर के साथ रखा था। रहीम की शिक्षा-दीक्षा की उत्तम व्यवस्था की। जल्दी ही रहीम ने तुर्की के साथ-साथ फारसी, अरबी, संस्कृत और हिन्दी भाषाओं का ज्ञान प्राप्त कर लिया। और जैसा कि उनके एक जीवनीकार अब्दुल बाकी बताते हैं कि रहीम मात्र 11 वर्ष की उम्र में ही स्वतन्त्र रूप से कविता लिखने लगे थे। भाषाओं आदि के ज्ञान हासिल करने के अलावा रहीम युद्धकौशल में भी पारंगत हो रहे थे। रहीम के व्यक्तित्व के इस दोहरे पहलू को विशेष रूप से रेखांकित करने की जरूरत है। रहीम की परवरिश में खुद अकबर जितनी दिलचस्पी ले रहा था, उससे ज्यादा उसकी माँ सलीमा बेगम दिलचस्पी ले रही थीं। इस क्रम में अकबर और सलीमा इतने करीब आए कि अकबर ने उनसे विवाह कर लिया। इस तरह रहीम अकबर के दत्तक पुत्र बन गए। अबुल फजल ने अपनी महत्त्वपूर्ण पुस्तक 'आईने अकबरी' में बताया है कि रहीम जब युवावस्था की दहलीज पर पहुँचे तो अकबर ने उन्हें 'मिर्जा खाँ' की पदवी दे दी, जो कभी मुगल बादशाहों को मिलती थी। बाबर और अकबर को यह पदवी दी गयी थी मगर बाद में यह अमीर-उमरावों को दी जाने लगी। अपने दत्तक पुत्र

अकबर के संरक्षण में

रहीम पर मेहरबान अकबर ने उनकी शादी अपनी उपमाता माहम अनगा की बेटी माहबानू से कर दी। इस तरह मुगल बादशाह के परिवार से रहीम का रिश्ता और खास हो गया। गौरतलब है कि बाद में रहीम की बेटी की शादी अकबर के बेटे दानियाल से और रहीम की पोती की शादी शाहजहाँ से हुई। बहरहाल, युवा रहीम को अकबर ने अपने दरबार में सबसे करीबी सलाहकारों में शामिल कर लिया। रहीम अपने युद्धकौशल, रणनीतिक समझदारी और राजकाज में दक्षता के बूते आगे चलकर अकबर के नौ रत्नों में शुमार हो गए।

तलवार के जौहर

अकबर ने व्यापार और कारोबार के लिहाज से महत्त्वपूर्ण बन्दरगाहों

दरबार में रहीम

के राज्य गुजरात को जीतने के लिए 1572 में खुद ही सैन्य मुहिम चलाई थी और सभी विरोधियों को परास्त करके सूरत पर कब्जा कर लिया था। इसके बाद अभी वह फतेहपुर सीकरी वापस लौटा ही था कि उसे गुजरात में बगावत की खबर मिली और वह 23 अगस्त, 1573 को रहीम को, जो उस समय 16 साल के थे, साथ लेकर गुजरात के लिए रवाना हो गया। उसके साथ केवल 3000 सैनिक थे। पाटन में उनका मुकाबला बागियों की 20 हजार की सेना से हुआ। अकबर ने अपने सैनिकों को तीन भागों में बांटा और सबसे महत्त्वपूर्ण बीचवाले भाग की कमान रहीम को सौंपी। युवा रहीम ने अपने इस पहले युद्ध को एक स्वर्णिम अवसर की तरह लिया, जिसमें अपने शौर्य और युद्धकौशल का प्रदर्शन करके वे बादशाह

युद्धभूमि में रहीम

की नजरों में बहुत ऊपर उठ सकते थे। और उन्होंने इस अवसर का भरपूर लाभ उठाते हुए मुगल सेना को जो जीत दिलाई, उसने अकबर को सचमुच खुश कर दिया। बादशाह ने रहीम को पाटन की जागीर सौंप दी। यह वही पाटन था, जहाँ उनके पिता बैरम खाँ की हत्या की गयी थी। पाटन विजय ने रहीम के लिए एक नया क्षितिज खोल दिया।

'आईने अकबरी' बताती है कि रहीम को 25वें वर्ष में 'मीर अर्ज' की पदवी प्रदान की गयी और तीन साल बाद उन्हें शाहजादा सलीम का अतालिक (संरक्षक) बना दिया गया। इसके बाद अकबर ने उन्हें गुजरात के सुलतान मुजफ्फर को परास्त करने के लिए भेजा। गुजरात के प्रथम युद्ध में अकबर के सरदारों ने मुजफ्फर को कब्जे

अकबर

में तो कर लिया था और मुनीम खाँ के सुपुर्द कर दिया था। लेकिन बाद में मुजफ्फर किसी तरह कब्जे से भाग निकला और मुगलों के दुश्मनों से मिलकर 40 हजार सैनिकों की अपनी सेना बना ली थी और बगावत पर उतर आया था। उसे दबाने के लिए रहीम को 10 हजार सैनिकों के साथ भेजा गया। रहीम के कुछ सरदारों ने उन्हें सलाह दी कि कुलीज खाँ और मालवा से आ रहे सैनिक आ जाएँ तब मुकाबला करें। लेकिन रहीम के सलाहकार 'मीर शमशेर' दौलत खाँ लोदी ने रहीम को याद दिलाया कि वे अपनी इज्जत और खानखाना की पदवी के दावे को न छोड़ें। इसके बाद अहमदाबाद के पास सर्किच की लड़ाई में रहीम ने मुजफ्फर को हरा दिया। मुजफ्फर से दूसरी बार नड़ोत में भी भिड़ंत हुई और वहाँ भी उसे

रहीम

रहीम से मात खानी पड़ी। इन दोनों लड़ाइयों में रहीम की जीत ने अकबर को इतना खुश किया कि उसने रहीम को 5000 की फौज का मनसब सौंप दिया और खानखाना की उपाधि भी प्रदान की। गुजरात विजय ने रहीम की एक और विशेषता को उजागर किया। 'आईने अकबरी' बताती है कि इस विजय की खुशी में उन्होंने अपनी दानशीलता की अद्भुत मिसाल पेश की। उन्होंने अपना सब कुछ अपने सैनिकों और साथियों को भेंट में दे दिया। यहाँ तक कि एक सैनिक जब सब कुछ खत्म हो जाने के बाद उनके सामने आया तो उन्होंने बचा रह गया अपना कलमदान उसे दान में दे दिया। गुजरात के आन्तरिक मामलों का निबटारा हो जाने के बाद सूबे की जिम्मेदारी कुलीज खाँ को सौंप दी गयी और रहीम वापस बादशाह के दरबार की शोभा बढ़ाने के लिए लौट आए। गुजरात विजय से मुगल सल्तनत की पहुँच ज्यादा संसाधनों तक तो हुई ही, समुद्र तक

रहीम

बेरोकटोक पहुँच का रास्ता भी खुला लेकिन उसने अपनी समुद्री ताकत को बढ़ाने पर ध्यान नहीं दिया। इस अदूरदर्शिता ने यूरोपीय व्यापारियों को भारत में घुसपैठ करने में मदद की।

बहरहाल, रहीम ने लड़ाइयों के बीच विराम के दिनों में बाबर के संस्मरणों की पुस्तक 'वाकयात-ए-बाबरी' का तुर्की से फारसी मे जो अनुवाद किया था, उसकी प्रति अकबर को भेंट की। जाहिर है, अकबर बेहद खुश हुआ। इस अनुवाद ने उनकी ख्याति दूर-दूर तक फैला दी। बादशाह ने उन्हें मुगल शासन की सबसे ऊँची उपाधि 'वकील' से विभूषित किया और तय्युल के तौर पर जौनपुर सौंपा। बाद में मुलतान को उनकी जागीर बनाया गया। उन्हें सिन्ध पर कब्जा करने का आदेश भी दिया गया। इस अभियान में उन्होंने सहवान और लाखी के किलों को जीता और सिन्ध के शासक मिर्जा

युद्ध अभ्यास करते हुए

जानी बेग पर इतना दबाव बनाया कि उसे सन्धि करने पर मजबूर कर दिया। सन्धि के तहत जानी बेग को अकबर के दरबार में पेश होने और अपनी बेटी की शादी रहीम के सबसे बड़े बेटे मिर्जा आइरिच से करने का करार हुआ। लेकिन जानी बेग ने टालमटोल की चाल अपनाई तो रहीम खुद सिन्ध पहुँचे। अन्ततः बेग ने समर्पण कर दिया। इस तरह सिन्ध भी मुगल कब्जे में आ गया।

1593 में रहीम को दक्षिण भारत विजय के लिए रवाना किया गया। उनसे पहले शाहजादा सुलतान मुराद वहाँ अपनी फौज का जमावड़ा कर रहा था। अकबर ने उसकी मदद के लिए रहीम को भेजा मगर दोनों में रणनीति को लेकर मतभेद हो गया। रहीम को जागीर के तौर पर भिलसा सौंप दिया गया था, जहाँ वे कुछ

ज्यादा देर तक टिक गए और फिर उज्जैन चले गये, क्योंकि वे खानदेश के राजा अली खान का इन्तजार कर रहे थे, जो दक्षिण अभियान में मुगल सेना का साथ देनेवाले थे। मुराद इस देरी से नाराज हो गया। रहीम जब अहमदनगर से 30 कोस दूर चन्दोर किले में मुराद से मिले तो उसने रहीम के साथ उपेक्षापूर्ण बरताव किया। इससे आहत रहीम ने लड़ाई में सक्रिय रूप से भाग लेने से परहेज किया और अपनी टुकड़ी शाहरुख के जिम्मे छोड़ दी। मुराद जब अहमदनगर से बाहर गया तभी रहीम ने खुद युद्ध में भाग लिया। आष्टी में हुआ युद्ध रहीम की संकल्प शक्ति और युद्धकौशल की अदभुत मिसाल है। मुगल फौज की एक टुकड़ी का सफाया हो गया था और फौज के पास साधनों की भी भारी कमी हो गयी थी। 'आईने अकबरी' के मुताबिक, इस फौज में केवल 600 सैनिक बच गए थे। उनका मुकाबला दक्षिण की 25 हजार की फौज से था। रहीम के हरावल दस्ते की कमान सँभालनेवाले दौलत खाँन ने रहीम से कहा कि इतनी मुश्किलों के बीच 600 सैनिकों के साथ लड़ना बेमतलब अपनी जान देने के सिवा कुछ नहीं है। रहीम ने उसे जवाब दिया कि क्या तुम दिल्ली को भूल गए हो? अगर हम इन मुश्किलों के बावजूद हौसला बनाए रखते हैं तो हम सैकड़ों दिल्ली हासिल कर सकते हैं, और अगर हमारी मौत हो जाती है तो फिर सब कुछ खुदा के हाथ में है। रहीम की बातें सुन रहे दूसरे सरदारों ने कहा, "चलो हम हिन्दुस्तानियों की तरह लड़ते हैं लेकिन अन्त में मौत ही हासिल है। लेकिन खानखाना से जरा यह तो पूछो कि वे करना क्या चाहते हैं। दौलत खान ने रहीम से कहा, 'दुश्मन भारी तादाद में हैं, सो जीत तो ऊपरवाले के ही हाथ में है लेकिन यह तो बताइए कि

रहीम

अगर हम हार गए तो आपसे कहाँ मिलेंगे।' रहीम ने फौरन जवाब दिया, ''लाशों में।'' इस जवाब ने उनकी फौज में ऐसा उत्साह भर दिया कि उसने फतह हासिल करके ही दम लिया। इस विजय ने रहीम की दानशीलता फिर से उजागर की। उन्होंने अपने सैनिकों के बीच 75 लाख रुपये बाँटे।

लेकिन रहीम के प्रति शाहजादा मुराद की नफरत कायम रही, जिसे कुछ सरदारों ने और भड़काया। मुराद ने रहीम के खिलाफ शिकायतें अकबर को भेजीं, तो रहीम को वापस बुला लिया गया और उनकी जगह अबुल फजल को दक्षिण का सेनापति बनाकर भेज दिया। 1598 मे रहीम को दो-दो सदमे झेलने पड़े। पहले उनके युवा बेटे हैदर अली की, और फिर उनकी पत्नी माहबानू की मृत्यु

रहीम

हो गयीं। इसके एक साल बाद मुराद भी चल बसा, तो अकबर ने दक्षिण को सँभालने के लिए उसके स्थान पर अपने तीसरे बेटे दानियाल को, और अबुल फजल की जगह रहीम को सेनापति बनाकर भेज दिया। अभी अहमदनगर पर मुगलों का कब्जा नहीं हुआ था, यह काम भी उन्हें सौंपा गया। अहमदनगर की मलिका चाँद बीबी के खेमे में आन्तरिक कलह और फिर उनकी हत्या के बाद मुगलों ने अहमदनगर पर भी कब्जा कर लिया। रहीम ने अपनी बेटी जाना खाँ का विवाह दानियाल से कर दिया। दानियाल शराब की बुरी लत में फँस चुका था। रहीम ने उसे सुधारने की कोशिश की मगर यह लत उसके लिए जानलेवा साबित हुई। अप्रैल, 1604 में दानियाल की मौत के बाद उसकी पत्नी जाना बेगम ने सती हो जाने

महल में

की कोशिश की मगर रहीम ने उसे किसी तरह रोका। दक्षिण का पूरा भार अब रहीम पर ही आ गया। अकबर गुणग्राही बादशाह था, जो नीति पर चलता था। उसने रहीम की कार्यक्षमता और कुशलता का पूरा सम्मान किया, हालाँकि रहीम के खिलाफ उनके कान भरनेवालों की कमी नहीं थी। रहीम भी अपनी वफादारी और ईमानदारी के कारण संतुलित, संयमित और निडर रहते थे। 17 अक्टूबर, 1605 को अकबर की मृत्यु के बाद रहीम के जीवन का एक नया अध्याय शुरू हुआ।

जहाँगीर के राज में

अकबर की मौत के बाद 24 अक्टूबर, 1605 को राजगद्दी पर बैठा उसका बेटा जहाँगीर यानी सलीम। वही सलीम, जिसके बचपन और किशोरावस्था में उसका संरक्षक रहीम को बनाया था अकबर ने। सलीम जब बादशाह बना, उस समय रहीम करीब 50 वर्ष के हो चुके थे। सलीम जब युवा था और अपने पिता अकबर से जब उसकी अनबन थी, तब रहीम प्राय: अकबर का ही पक्ष लेते थे और

दरबार में

सलीम को समझाने–बुझाने की कोशिश करते थे। जाहिर है, सलीम उनसे नाराज रहता था। बादशाह बनने के बाद भी उसकी यह नाराजगी बनी हुई थी। रहीम इसे जानते थे। वे नए बादशाह जहाँगीर को प्रसन्न तो करना चाहते थे मगर अपने आत्मसम्मान की कीमत पर नहीं। उन्होंने बादशाह के लिए भारी भेंट लेकर दरबार में आने की इजाजत माँगी मगर रहीम से जलनेवाले दरबारियों के बहकावे में जहाँगीर ने रहीम को कुछ समय तक दूर ही रखा और उनके व्यवहारों पर नजर रखता रहा। अन्ततः अपनी बादशाहत के तीसरे साल उसने रहीम को दरबार में आने की इजाजत दी। रहीम खूब सारी भेंट लेकर दरबार में आए और अपने संरक्षण में बड़े हुए युवक को बादशाह की गद्दी पर बैठा देखकर बेहद भावुक हो उठे। जहाँगीर ने अपने

‘जहाँगीरनामा’ में इस वाकये का इस प्रकार जिक्र किया है—

“एक पहर दिन चढ़ चुका था जब खानखाना, जो हमारे अतालिक (अभिभावक) होने के उच्च पद पर चुना गया था, बुरहानपुर से आकर सेवा में उपस्थित हुआ। प्रसन्नता और आनन्द ने उसे ऐसा दबोच लिया था कि वह यह नहीं समझ सका कि वह सिर के बल आया है या पैरों पर। वह घबराकर मेरे पैरों पर गिर पड़ा। हमने दया तथा कृपा करके उसके सिर को उठाया और प्रेम के साथ गले लगाकर उसके मुँह को चूम लिया। वह हमारे लिए भेंट में मोतियों की दो माला, कुछ लाल और पन्ने लाया था, जिन सब रत्नों का मोल तीन लाख रुपये था। इनके सिवा भी बहुत-सी कीमती चीजें हमारे सामने रखीं।’

रहीम ने जहाँगीर को खुश करने की और भी कोशिशें की। ‘जहाँगीरनामा’ में ही जहाँगीर ने लिखा है, ‘इसी महीने खानखाना ने निजामुलमुल्क के सूबे को साफ करने का फैसला किया, जिसमें बादशाह अकबर के इन्तकाल के बाद कुछ उपद्रव उठ खड़े हुए थे।’ उसने हमें लिखा कि ‘यदि हम दो साल के अन्दर इस सेवा को पूरा न कर दें तो हम दोषी समझे जाएँ पर इसी करार के साथ कि जो सेना इस सूबे में नियत है उसके सिवा बारह हजार सवार, दस लाख रुपये के साथ भेजे जाएँ।’ हमने सेना का सामान और धन जल्द इकट्ठा करके वहाँ भेजने का हुक्म दे दिया। जहाँगीर उनकी निःस्वार्थ सेवा और क्षमता से प्रभावित तो था ही। दक्षिण विजय के इस अभियान में रहीम के लिए जहाँगीर ने जो सिपहसालार भेजे उनमें युवा सैयद सैफ खाँ प्रमुख था, जो अनुभवहीन था और युद्धकौशल में भी कमजोर था। बूढ़े हो चुके रहीम में भी अब पहलेवाली बात

रहीम

नहीं रही थी। सैफखाँ की अक्षमता के कारण अहमदनगर किला भी हाथ से निकल गया। इस हार का ठीकरा रहीम के सिर फोड़ दिया गया और जहाँगीर तक खूब शिकायतें पहुँचायी गयीं। नतीजा यह कि रहीम एक बार फिर लम्बे समय तक उपेक्षा के शिकार बने रहे। लेकिन उन्होंने अपना सन्तुलन नहीं खोया। उधर दक्षिण में उपद्रव थमने का नाम नहीं ले रहा था। अन्ततः जहाँगीर को रहीम की ही याद आयी और उसने उन्हें तथा उनके बेटों शाहनवाज एवं दाराब को ज्यादा मनसब के साथ दक्षिण का जिम्मा सौंप दिया। इस बार रहीम के बेटों ने अपनी कुशल रणनीति से दक्षिण में मुगल सल्तनत का सिक्का जमा दिया। अहमदनगर किला तो फिर कब्जे में आया ही, बीजापुर, गोलकुंडा ने भी सिर झुका दिए। बाद में जहाँगीर ने शाहजादा खुर्रम को दक्षिण को सँभालने के लिए भेजा। खुर्रम बुरहानपुर में आकर जम गया और रहीम को खानदेश, बिरार तथा अहमदनगर का सूबेदार नियुक्त कर दिया और खुद बादशाह के पास माँडू चला आया, जहाँ उसे और भी पुरस्कारों से नवाजा गया। इस बीच खुर्रम ने रहीम की पोती से शादी कर ली थी।

रहीम दरबार में

1622 में फारस के शाह अब्बास ने कन्धार पर हमला कर दिया, तो रहीम और शाहजहाँ को दरबार में बुलाकर उससे मुकाबला करने को कहा गया। इस बीच नूरजहाँ की मदद लेकर शाहजादा परवेज ने खुद को राजगद्दी का उत्तराधिकारी घोषित करवा लिया और महाबत खाँ ने खानखाना का दर्जा हासिल कर लिया। इस पर शाहजहाँ ने बगावत कर दी और रहीम को साथ लेकर माँडू और फिर बुरहानपुर चला आया। इस बगावत पर जहाँगीर ने 'जहाँगीरनामा' में लिखा है, 'जबकि खानखाना जैसा अमीर, जो अतालिकी के ऊँचे ओहदे पर पहुँचा हुआ था, सत्तर वर्ष की उम्र में बगावत और नमकहरामी से अपना मुँह काला कर ले तो दूसरे लोगों के बारे में क्या कहा जा सकता है? यह कहा जा सकता है कि वह स्वभाव से ही बागी और नमकहराम है। इसके अब्बा ने भी अपने जीवन के

आखीर में इसी प्रकार हमारे श्रद्धेय पिता के विरुद्ध ऐसा ही आचरण किया था। इसने भी अपने पिता का अनुगमन करते हुए इस अवस्था में अपने को सदा के लिए तिरस्कृत और शापित बना दिया है— 'अन्त में भेड़िए का बच्चा भेड़िया हो जाता है, भले ही वह मनुष्य के साथ पला हो।'

इसी दौरान शाहजहाँ को महाबत खाँ के नाम रहीम की एक गोपनीय चिट्ठी हाथ लग गयी, तो उसने रहीम और उनके बेटे दराब खाँ को गिरफ्तार कर लिया। उधर परवेज और महाबत खाँ शाहजहाँ को गिरफ्तार करने के लिए आगे बढ़ आया था। उनकी फौजों को किसी तरह आगे बढ़ने से रोका गया और रहीम ने दोहरी चाल चली। उन्होंने शाहजहाँ को सुलह करने की सलाह दी और खुद परवेज से मिल भी गए, हालाँकि उन्होंने शाहजहाँ को धोखा न देने की कसम खाई थी। शाहजहाँ भाग कर बंगाल पहुँच गया। उसने रहीम के बेटे दराब खाँ को बंगाल का सूबेदार बना दिया था। उधर महाबत खाँ शाहजहाँ का पीछा करते हुए बंगाल तक पहुँच गया और जहाँगीर के कहने पर वहाँ दराब खाँ का सिर काटकर थाल में रखा और रूमाल से ढककर रहीम को भिजवाया कि यह तरबूज भेंट में लो। रहीम ने बेटे का कटा सिर देखकर सिर्फ इतना कहा, 'हाँ, एक शहीदी तरबूज है।' एक पिता के लिए इससे दुखद बात क्या हो सकती है। वैसे, रहीम को अपने जीवनकाल में ही अपनी पत्नी, चारों बेटों और दामाद की मौत का सदमा झेलना पड़ा। बहरहाल, 1625 में जहाँगीर को रहीम की सेवाओं की याद आई और उसने उन्हें अपने दरबार में बुलाया। उस समय दरबार में मौजूद शाही सेनापति महाबत खाँ समेत सभी लोगों ने रहीम के प्रति सम्मान का

प्रदर्शन किया। जहाँगीर ने 'जहाँगीरनामा' में लिखा है, 'मैंने कहा कि जो भी कुछ हुआ वे सब तकदीर की बातें हैं जिन पर न हमारा बस है और न तुम्हारा बस है। अब तुम उनके कारण खुद को शर्मिंदा या दुखी मत करो। हम खुद तुमसे ज्यादा शर्मिन्दा और दुखी हैं।' बादशाह ने रहीम को खानखाना की उपाधि लौटा दी और कन्नौज की जागीर के साथ एक लाख रुपये भेंट किए। बताया जाता है कि रहीम बादशाह की इस उदारता से इतने अभिभूत हुए कि उन्होंने अपनी अँगूठी में यह शेर खुदवा दिया—'मेरा लुत्फे जहाँगीरी, जे ताई दीत खब्बानी। दोबारः जिन्दगी दादः, दोबारः खानखानानी।।' जिसका अर्थ यह था कि जहाँगीर की मेहरबानी और खुदा के करम से मुझे दोबारा जिन्दगी मिली और खानखानानी भी मिली।

रहीम पर जहाँगीर के भरोसे का प्रमाण यह मिला कि महाबत खाँ ने जब बगावत कर दी तो रहीम के अनुरोध पर उसे दबाने की

रहीम का मकबरा

जिम्मेदारी उन्हें सौंपी गयी। दरबारी साजिशों और बादशाही फरमानों का आलम यह था कि जिस महाबत खाँ को नूरजहाँ ने ऊपर उठाया था, वह नूरजहाँ की नजरों में गिर गया था। बहरहाल, बुढ़ापे में रहीम ने एक और चुनौती कबूल की। उन्हें महाबत खाँ की जागीर वेतन के तौर पर दे दी गयी, सात हजारी मनसब, कई हाथी, ढेरों बेशकीमती उपहार और अजमेर का सूबा भी जागीर में दे दिया गया। खुद नूरजहाँ ने इस मुहिम के लिए 12 लाख रुपये दिये। मगर जरूरी तैयारियाँ पूरी हो पातीं कि रहीम लाहौर में बीमार पड़ गये। किसी तरह वे दिल्ली आए मगर 1627 में 72 साल की उम्र में उनका निधन हो गया। उन्हें दिल्ली में हुमायूँ के मकबरे के पास दफनाया गया। उनके मकबरे पर लिखा गया—'यहाँ है खान सिपहसालार!'

रहीम बेशक एक जांबाज सिपहसालार थे मगर इसके साथ ही वे एक बेहद सवेदनशील कवि, विभिन्न भाषाओं के ज्ञाता,

रहीम

अनुवादक, कलामर्मज्ञ और बेहद उदार शख्सियत भी थे। सौन्दर्य और कला के वे कितने कद्रदां थे, इसका उदाहरण इस वाकये से मिलता है—एक बार रहीम दरबार जा रहे थे कि एक चित्रकार ने उन्हें एक चित्र भेंट किया जिसमें नहाकर निकली एक युवती को कुर्सी पर बैठकर केश झाड़ते हुए दिखाया गया था। एक दासी उसके पैरों को झावें से रगड़ रही थी। रहीम चित्र देखकर दरबार चले गये और लौटने के बाद चित्रकार को बुलवाकर पाँच हजार रुपये दिए। चित्रकार ने उनसे पूछा कि 'हुजूर ने चित्र में ऐसा क्या देखा कि इतना इनाम मुझे दे दिया।' रहीम ने जवाब दिया, 'चित्र में युवती के होठों पर मुस्कान और चेहरे के भाव बहुत सुन्दर हैं, जिसका रहस्य उसके पैरों में हो रही गुदगुदी में छिपा है।' चित्रकार यह सुनकर गद्गद हो

गया, 'बस हुजूर, मैं अपना इनाम पा गया। मैं कई अमीरों के यहाँ गया लेकिन किसी ने चित्र की इस खूबसूरती पर गौर नहीं किया।' जाहिर है, ऐसे कलामर्मज्ञ के दरबार में कलाकारों तथा कला प्रेमियों का जमावड़ा लगा रहता था। चाहे वह संगीत हो या नाटक, स्थापत्य हो या मूर्तिकला, काव्यकला हो या अनुवाद कला, हर विधा की बारीकियों से वे परिचित थे और उनकी गहरी जानकारी रखते थे। बाबर की पुस्तक 'वाकयात-ए-बाबरी' के अनुवाद की कोशिश कई लोग कर चुके थे मगर रहीम ने उसका जो अनुवाद किया, उससे फारसी भाषा के विद्वानों में उनकी विद्वता की धाक जम गयी। बादशाह अकबर भी इससे खूब खुश हुआ था। रहीम का काव्य यह बताता है कि वे लौकिक ज्ञान के मामले में बेमिसाल थे। 'अकबरी दरबार' के लेखक आजाद ने उनके शील तथा स्वभाव की तारीफ करते हुए लिखा है कि रहीम दोस्ती करने और निभाने में बेहद पक्के थे। अपनी रोचक बातों और मधुर बरताव से लोगों का दिल जीत लेते थे। राजकाज के मामले में वे इतने चौकस थे कि अपने खुफिया जासूसों के जरिये दरबार से लेकर सामन्तों, अदालतों और गली-कूचों तक की खबर रखते थे। समय और परिस्थिति के अनुसार व्यवहार करने में वे बेहद कुशल थे। यही वजह है कि वे अकबर और जहाँगीर सरीखे दो-दो बादशाहों के प्रिय पात्र बने रहे हालाँकि उनसे ईर्ष्या करने और ऊपर तक उनकी शिकायत करनेवाले दरबारियों, अमीरों की कमी नहीं थी। बादशाहों के करीबी होने के कारण वे असीम सत्ता और ऐश्वर्य भोगते रहे मगर विनम्रता और सन्तुलन का साथ कभी नहीं छोड़ा। बताया जाता है कि जब वे महाराणा प्रताप के मेवाड़ पर हमले की तैयारी कर रहे थे तभी महाराणा के पुत्र अमर

सिंह ने रहीम के खेमे की महिलाओं को पकड़कर महाराणा के सामने पेश कर दिया। महाराणा ने अमर सिंह को डाँट पिलाई और सभी महिलाओं को सम्मान के साथ लौटाने का हुक्म दिया। रहीम महाराणा प्रताप के इस बरताब से इतने भावुक हो उठे कि उन्होंने मेवाड़ पर हमला करने से मना कर दिया। सत्ता के मद में चूर होने से बचने के लिए कितने सजग थे, इसका प्रमाण इस कहानी से मिलता है कि खानखाना की उपाधि मिलने के बाद उन्होंने कई उपदेश एक पत्र में लिखकर अपने नौकरों को दे दिए थे। जब कभी वे गुस्सा करते, नौकर उन्हें वह पत्र दिखा देते और उनका गुस्सा शान्त हो जाता था। रहीम की विनम्रता, उदारता, दानशीलता और हाजिरजवाबी के अनगिनत किस्से हैं, जो उनके बेमिसाल व्यक्तित्व के पहलुओं को उजागर करते हैं। यहाँ ऐसे ही कुछ उदाहरणों को प्रस्तुत करना प्रासंगिक होगा।

दानवीर, हाजिरजवाब रहीम

उभरे हुए ललाट, चमकते मुखमंडल, हृष्ट-पुष्ट काया के मालिक रहीम का सम्पूर्ण व्यक्तित्व बेहद आकर्षक था। बताते हैं कि एक बार एक सुन्दर युवती ने उनसे कहा कि वे उन्हें अपने जैसा एक पुत्र दे दें। रहीम ने उस युवती की गोद में सिर रख दिया और कहा कि पता नहीं पुत्र हो या न हो और हो भी तो कैसा हो। इससे बेहतर तो यही है कि मैं ही तुम्हारा पुत्र बन जाऊँ। यह वाकया रहीम के चरित्रवान होने की पुष्टि तो करता ही है, उनकी हाजिरजवाबी को भी उजागर करता है।

- उनकी हाजिरजवाबी का एक और उदाहरण यह वाकया भी

रहीम

पेश करता है। रहीम पूरी बादशाही शानौशौकत और ठसक के साथ जीते थे। खास हुमा पक्षी का पंख सिर पर धारण करने का नियम केवल शाहजादों के लिए था लेकिन रहीम इसका पंख धारण करते थे। यही नहीं, आगरा की अपनी वैभवपूर्ण हवेली में उन्होंने सिंहासन बनाकर सोने के चोबों पर कारचोबी शामियाना तनवा रखा था जिसमें मोतियों की झालरें लगी थीं। राजचिह्न माने जानेवाले छत्र, चंवर आदि भी थे। कुछ चुगलखोरों ने इसकी शिकायत अकबर तक पहुँचा दी, तो बादशाह खुद उनकी हवेली में पधारे और राजचिह्नों का प्रयोग करने का कारण पूछा। रहीम ने अपनी इस हाजिरजवाबी से बादशाह को बेहद खुश कर दिया कि 'ये सब तो हुजूर के लिए ही तैयार करके रखा है ताकि जब

रहीम विद्वानों के साथ

आप आएँ तो दूसरों से माँगने की नौबत न आए।'

- रहीम की दानशीलता का हाल यह था कि उनके दरबार में चाहे अमीर-उमरा-शेख आए हों या विद्वान-कवि या फकीर-फौजी, कोई भी उम्मीद से ज्यादा पाए बिना लौटता नहीं था। इराक से आए मीर मुगीस माहवी हमदानी को रहीम ने ढेर सारा धन देकर विदा किया, तो अमीर रफीउद्दीन हैदर 'राफोई' को रहीम से दो-तीन बार में ही एक लाख रुपये प्राप्त हुए। हिन्दी के कई कवियों को रहीम ने खासी रकम से पुरस्कृत किया। बताते हैं कि कवि गंग को तो उनके एक ही छन्द पर रहीम ने 36 लाख रुपये दे दिये थे। उनके और गंग के बीच का यह कवित्वमय संवाद काफी मशहूर है। गंग ने रहीम से जब पूछा कि 'सीखे कहाँ नवाबजू, ऐसी दैनी देन। ज्यों-ज्यों कर ऊँचा करो, त्यों-त्यों नीचे नैन।।' (नवाब साहब, आपने दान देने की यह रीत कहाँ से सीखी कि दान

रहीम

देते वक्त जैस–जैसे आप हाथ ऊपर उठाते हैं वैसे–वैसे आपकी आँखें नीची होती जाती हैं।) इस पर रहीम ने जवाब दिया, 'देनदार कोउ और है, भेजत सो दिन रैन। लोग भरम हम पर करें, याते नीचे नैन।।' (देनेवाला तो कोई और है जो दिन–रात देता रहता है मगर लोग भरम करते हैं कि यह मैं

दे रहा हूँ, यही सोच कर आँखें नीची हो जाती हैं।)। कई बार उन्होंने कवियों को उनके वजन के बराबर सोना भी पुरस्कार में दिया।

- मीर हुसेन की 'तजकरे हुसैनी' में एक वाकये का जिक्र है, जो रहीम की उदारता का एक दिलचस्प पहलू पेश करता है। एक आदमी ने अपने दोस्त को बताया कि वह एक औरत को प्यार करता है लेकिन वह एक लाख रुपये के बिना कोई बात नहीं करना चाहती। उसे मनाने का कोई उपाय बताओ। दोस्त ने उसे सुझाया कि अगर कविता लिख सकते हो तो अपना दर्द लिखकर खानखाना को सुनाओ, वे जरूर मदद करेंगे। उस आदमी ने ऐसा ही किया। उसने लिखा—'ऐ दानिशमन्द खानखाना, मैं करता हूँ मोहब्बत एक चन्द्रमुखी से। वह जान माँगती तो कोई बात न थी मगर वह तो पैसे माँगती है। मैं भला कहाँ से लाऊँ।' रहीम ने उससे पूछा कितना माँगती है। जब उसने एक लाख रुपये कहा, तो रहीम ने न केवल इतने रुपये दिए बल्कि ऊपर से खुद उसके लिए छह हजार रुपये दिए।
- एक बार रहीम की सवारी जा रही थी कि किसी ने उन पर ढेला फेंका। सैनिकों ने उसे पकड़कर उनके सामने सजा के लिए हाजिर कर दिया। रहीम ने उसे सजा की जगह पाँच हजार रुपये दिलवा दिये। लोगों ने इस पर सवाल उठाए तो रहीम ने कहा कि लोग फलदार पेड़ पर ही पत्थर मारते हैं। इस शख्स ने मुझे पत्थर मारा। मेरे पास जो फल था वह मैंने दे दिया।
- इसी तरह किसी ने एक बार रहीम की पालकी में लोहे का

रहीम

एक गोला फेंका। उसे पकड़कर जब उनके सामने हाजिर किया गया तो उन्होंने उसे उतना सोना दे दिया। रहीम से पूछा गया कि उस आदमी ने तो उन्हें मारने की कोशिश की थी। रहीम ने जवाब दिया कि नहीं, उसने तो मुझे पारस पत्थर समझा जिससे छूते ही उसका लोहा सोना बन जाएगा। सो, मैंने उसे सोना दे दिया।

- महावीर प्रसाद द्विवेदी ने अपनी पुस्तक 'विज्ञ विनोद' में मुख्यतः कवियों और बड़े लोगों से जुड़े कुछ दिलचस्प प्रकरणों को संकलित किया है। इसमें रहीम से जुड़ा यह प्रकरण काबिले गौर है। एक बार एक विपन्न ब्राह्मण रहीम

के द्वार आया तो दरबानों ने उसे रोका। उसने कहा कि रहीम से कहो कि उसका 'हमजुल्फ' अपनी बीवी के साथ मिलने आया है। उसे रहीम से मिलाया गया तो उन्होंने पूछा कि वह उनका 'हमजुल्फ' कैसे है? उस ब्राह्मण ने जवाब दिया कि सम्पदा और विपदा दो बहनें हैं। एक बहन आपके यहाँ है, दूसरी हमारे घर में है इसलिए हम दोनों 'हमजुल्फ' हुए। रहीम उसका जवाब सुनकर इतने खुश हुए कि उसे एक सजे हुए घोड़े पर बिठाकर ढेर सारा रुपया और सामान देकर विदा किया।

- एक बार एक आदमी सैनिकोंवाले हथियार पहनकर रहीम के सामने खड़ा हो गया और उन्हें सलाम ठोंका। उसकी पगड़ी पर दो कीलें भी लगी थीं। उसने रहीम से नौकरी की माँग की। रहीम ने उसकी पगड़ी पर लगी कीलों का मतलब पूछा, तो उसने जवाब दिया कि एक कील तो उस मालिक के लिए है जो काम तो करवाए लेकिन पैसा न दे और दूसरी कील उस नौकर के लिए है जो मालिक से पैसे तो ले मगर कामचोरी करे। रहीम ने उस शख्स को नौकरी पर रख लिया और उम्रभर का वेतन देकर कहा कि अब एक कील का बोझ तो सिर से उतार दो बाकी दूसरी कील के बारे में फैसला करने का अधिकार तुम्हारा है।
- बताते हैं कि एक बार बादशाह जहाँगीर तीरंदाजी कर रहा था। उसके साथ रहीम के अलावा कई दरबारी और भाट भी थे। कुछ भाट तो बादशाहों के बड़े मुँहलगे भी होते थे। ऐसे ही एक भाट ने जहाँगीर की तीरंदाजी पर काफी चुटकी ली तो बादशाह नाराज हो गया और उस भाट को हाथी के पैरों

तले कुचलवा देने का फरमान दे दिया। इस पर वह भाट बोल पड़ा कि उस जैसे नाचीज के लिए हाथी क्या, चूहे के पैर ही काफी होंगे। हाथी के पैर तो खानखाना जैसे बड़े आदमी के लिए चाहिए। इस पर जहाँगीर ने रहीम की तरफ देखा तो उन्होंने जवाब दिया कि हुजूर की मेहरबानी से खुदा ने मेरे जैसे छोटे आदमी को ऐसा बना दिया कि यह भाट मुझे बड़ा आदमी समझ रहा है। तो मैंने खुदा को शुक्रिया कहा और गुजारिश की कि इस आदमी को माफकर दिया गया तो इसे पाँच हजार रुपये का इनाम दिलवा देना। यह हुजूर को दुआएँ देगा। रहीम की इस हाजिरजवाबी और उदारता पर जहाँगीर ने उस भाट को माफ कर दिया और इनाम भी दिया।

लोकज्ञान और लोकमंगल की रचनाएँ

रहीम की उदारता के ऐसे अनेक किस्से हिन्दुस्तान से लेकर अरब देशों और ईरान तक फैल गये थे। लेकिन रहीम केवल अपने शौर्य और अपनी दानशीलता के कारण नहीं बल्कि भाषाओं के अपने ज्ञान और सबसे बढ़कर अपने काव्य के कारण बेहद लोकप्रिय हुए। लौकिकता और नीति का पाठ पढ़ानेवाले उनके दोहे लोगों की जबान पर आज भी चढ़े हुए हैं। रहीम का यह दोहा आज भी किसे याद नहीं है—'रहिमन पानी राखिए, बिन पानी सब सून। पानी गये न उबरैं, मोती, मानुस, चून।।' (वे याद दिलाते हैं कि मनुष्य को अपना पानी यानी अपना स्वाभिमान यानी चमक बचाकर रखनी चाहिए क्योंकि यह पानी चला गया तो मोती, मनुष्य और चूने का उबरना मुश्किल होता है)। आचार्य रामचन्द्र शुक्ल ने अपनी प्रसिद्ध

अकबर के नवरत्न

पुस्तक 'हिन्दी साहित्य का इतिहास' में लिखा है—'तुलसी के वचनों के समान रहीम के वचन भी हिन्दीभाषी भूभाग में सर्वसाधारण के मुँह पर रहते हैं। इसका कारण है जीवन की सच्ची परिस्थितियों का मार्मिक अनुभव। रहीम के दोहे वृन्द और गिरधर के पदों के समान कोरी नीति के पद नहीं हैं। उनमें मार्मिकता है, उनके भीतर से एक सच्चा हृदय झाँक रहा है।' जाने-माने आलोचक विजयेन्द्र स्नातक ने अपनी पुस्तक 'रहीम' में उनकी रचनाधर्मिता की आधारभूमि का विवेचन करते हुए लिखा है—'रहीम बाहर से जूझते रहे और भीतर के प्यार और मनुहार से पसीजते रहे। यह भीतर का पसीजना ही सर्जन की मूल प्रेरणा है।' वे लिखते हैं कि जीवन के बहुआयामी अनुभवों से उपजा यथार्थबोध उन्हें अभिव्यक्ति की प्रेरणा देता था। लोकमंगल की कामना से उन्होंने नीति, भक्ति और सदाचार की

रहीम

मर्यादा को पुष्ट करनेवाले दोहे लिखे। तुर्की, अरबी, फारसी, हिन्दी और संस्कृत भाषाओं का गहरा ज्ञान उन्हें 'भाषा का विलक्षण प्रयोग कर अपने कथ्य की सीमा का विस्तार करने का आधार जुटाता था।' रहीम को रणथम्भौर, जौनपुर, कालपी की जागीरें मिली थीं। इसके कारण वे अवधी भाषा के सम्पर्क में आए। आगरा तो अकबर की राजधानी थी ही। तो ब्रज के रंग में भी वे रंगे। और हर रंग में उन्होंने कविताएँ लिखीं। भाषाओं और बोलियों पर उनकी गहरी पकड़ का एक उदाहरण इस प्रकरण से भी मिलता है। एक बार तानसेन ने अकबर के दरबार में यह पद गाया—'जसुदा बार-बार यों भाखै। है कोऊ ब्रज में हितू हमारौ चलत गोपालहिं राखै।।' अकबर ने अपने सभासदों से इस पद का अर्थ लगाने को कहा। तानसेन ने कहा कि यशोदा 'बार-बार' यानी पुनः-पुनः पुकार लगाती है कि ब्रज में क्या कोई ऐसा हितू यानी हितचिन्तक है जो गोपाल को यहाँ रोक

ले। बाकी कई सभासदों ने भी इसी अर्थ को दोहराया। किसी ने बार-बार का अर्थ तिथिवाले वार से लगाया, तो किसी ने प्रतिदिन से। लेकिन रहीम की व्याख्या सबसे अनूठी थी। उन्होंने बार-बार का अर्थ बाल-बाल (अवधी में बाल को बार भी कहते हैं) यानी रोम-रोम से लगाया और कहा कि यशोदा का रोम-रोम पुकार रहा है कि है कोई जो गोपाल को ब्रज में रोक ले। यह व्याख्या बताती है कि रहीम हिन्दुस्तानी रंग में कितने गहरे रंगे हुए थे।

श्री स्नातक ने लिखा है कि 'रहीम रत्नावली' और 'रहिमन विलास' में उनकी रचनाओं के विवेचन से इन आठ पुस्तकों को रहीम रचित माना है—दोहावली, नगरशोभा, बरवै नायिका भेद, बरवै, श्रृंगार सोरठा, मदनाष्टक, संस्कृत काव्य, और फुटकर सोरठा। बरवै अवधी में लिखी; तो दोहे, सोरठे, कवित्त-सवैये ब्रज भाषा में, मदनाष्टक खड़ी बोली में; ज्योतिष का उनका एक ग्रन्थ 'खेटक कौतुकम' संस्कृत, फारसी, हिन्दी का मिश्रण है। रहीम के दोहों में जिन विषयों को उठाया गया है उनका फलक इतना विस्तृत और व्यापक है कि यह जीवन और जगत से लेकर दर्शन और अध्यात्म तक के बारे में उनके व्यापक़ अनुभवों और गहरे ज्ञान की गवाही देता है। वे लोकज्ञान और शास्त्रज्ञान, नीति, संयम, शील, मैत्री, प्रेम, दान, नियति, समय-कुसमय, पुरुषार्थ, परोपकार, स्वार्थ, संगति-कुसंगति, माया, मोह जैसे विविध विषयों को अपने दोहों में उठाते हैं। और अनेक दोहों में वे सारे दृष्टान्त जनजीवन से लेते हैं या फिर पुराणों से।

हिन्दू धर्मग्रन्थों, मिथकों, परम्पराओं, पूजा पद्धति आदि का उन्हें गहरा ज्ञान था। उनकी उदार, मानवतावादी जीवन-दृष्टि भी

रहीम

उनकी रचनाधर्मिता का महत्त्वपूर्ण आधार थी। जाने–माने कवि रामधारी सिंह दिनकर ने अपनी बहुचर्चित पुस्तक 'संस्कृति के चार अध्याय' में रहीम पर टिप्पणी की है—'उनकी कविताओं में आए हुए प्रसंगों को देखते ही यह प्रत्यक्ष हो जाता है कि हिन्दू दर्शन और साहित्य तथा अलंकारशास्त्र का उन्हें उतना ही अच्छा ज्ञान था जितने अच्छे ज्ञान का दावा बड़े से बड़ा हिन्दू विद्वान कर सकता है। अपने धर्म और आध्यात्मिक विश्वास पर सुदृढ़ रहते हुए भी मुसलमान कितना अधिक भारतीय हो सकता है, रहीम इसके जाज्वल्यमान प्रमाण हैं।' कृष्ण के वे अनन्य भक्त थे। बताया जाता है कि एक बार वे वृन्दावन में गोविन्ददेव मन्दिर गये लेकिन उन्हें प्रवेश नहीं करने दिया गया तो वे मन्दिर के बाहर बैठ गये। उन्होंने दो पद गाये। कहते हैं कि

रहीम

गोविंद ने स्वयं आकर उन्हें दर्शन और प्रसाद दिया। उन्होंने जो एक पद गाया था, वह नीचे दिया जा रहा है। यह भक्ति भाव की अनुपम अभिव्यक्ति है—

कमल–दल नैननि की उन्मानी।
बिसरत नाहिं सखि मो मन ते मन्द मन्द मुसकानी।।
यह दसननि दुति चपला हूँ ते महा चपल चमकानी।
वसुधा की बसकरी मधुरता सुधा–पगी बतरानी।।
चढ़ी रहे चित उर बिसाल की मुकुटमाल थहरानी।
नृत्य समय पीताम्बर हूँ की फहरि फहरि फहरानी।
अनुदिन श्री वृन्दावन ब्रज ते आवन आवन जानि।
अब रहीम चित्त ते न टरति है सकल स्याम की बानी।।

इसी तरह रहीम ने कृष्ण के लिए संस्कृत में भी कई श्लोक लिखे हैं। संस्कृत में अपने एक श्लोक में तो वे गंगा नदी से प्रार्थना करते हैं कि हे गंगे, मेरी मृत्यु हो तो आपके किनारे हो और आप मुझे विष्णु और शिव का सारूप्य देना ताकि आप मेरे सिर आँखों पर बसी रहें। सांस्कृतिक समरसता का इससे अप्रतिम उदाहरण और क्या हो सकता है। आज जब धर्म को लेकर आग्रहों-दुराग्रहों की लक्ष्मणरेखाएँ और ऊँची-ऊँची दीवारें खड़ी की जा रही हैं, रहीम का जीवन, उनका काव्य हमें आज भी संतुलन और समरसता की राह दिखा सकता है।

रहीम की कुछ उल्लेखनीय रचनाएँ

दोहे

तैं रहीम मन आपुनो, कीन्हीं चारु चकोर।
निसि बासर लागो रहै, कृष्ण चन्द्र की ओर॥

अधम वचन काको फल्यो, बैठि ताड़ की छाँह।
रहिमन काम न आय है, ये नीरस जग माँह॥

अन्तर दाव लगी रहै, धुआँ न प्रगटै सोइ।
कै जिय आपन जानहीं, कै जिहि बीती होइ॥

अनुचित उचित रहीम लघु, करिहिं बड़ेन के जोर।
ज्यों ससि के संजोग तें, पचवत आगि चकोर॥

अनुचित वचन न मानिए, जदपि गुराइसु गाढ़ि।
है रहीम रघुनाथ तें, सुजस भरत को बाढ़ि॥

अब रहीम चुप करि रहउ, समुझि दिनन कर फेर।
जब दिन नीके आइ हैं, बनत न लगिहै देर॥

अब रहीम मुश्किल पड़ी, गाढ़े दोऊ काम।
साँचे से तो जग नहीं, झूठे मिलैं न राम॥

अरज गरज मानैं नहीं, रहिमन ए जन चारि।
रिनिया, राजा, माँगता, काम आतुरी नारि॥

आप न काहू काम के, डार पात फल फूल।
औरन को रोकत फिरैं, रहिमन पेड़ बबूल॥

उरग, तुरंग, नारी, नृपति, नीच जाति, हथियार।
रहिमन इन्हें सँभारिए, पलटत लगै न बार॥

एकै साधे सब सधै, सब साधे सब जाय।
रहिमन मूलहिं सींचिबो, फूलै फलै अघाय॥

ए रहीम दर दर फिरहिं, माँगि मधुकरी खाहिं।
यारो यारी छोड़ाये वे रहीम अब नाहिं॥

ओछो काम बड़े करैं तौ न बड़ाई होय।
ज्यों रहीम हनुमंत को, गिरधर कहै न कोय॥

कदली, सीप, भुजंगमुख, स्वाति एक गुन तीन।
जैसी संगति बैठिए, तैसोई फल दीन॥

कमला थिर न रहीम कहि, यह जानत सब कोय।
पुरुष पुरातन की बधू, क्यों न चंचला होय॥

करत निपुनई गुन बिना, रहिमन निपुन हजूर।
मानहु टेरत बिटप चढ़, मोहि समान को कूर॥

कहु रहीम कैसे निभै, बेर केर को संग।
वे डोलत रस आपने, उनके फाटत अंग॥

काज परै कछु और है, काज सरै कछु और।
रहिमन भँवरी के भए, नदी सिरावत मौर॥

कहा करौं बैकुंठ लै, कल्पबृच्छ की छाँह।
रहिमन दाख सुहावनो, जो गल पीतम बाँह॥

कुटिलन संग रहीम कहिद, साधू बचते नाहिं।
ज्यों नैना सैना करें, उरज उमेठे जाहिं॥

कोउ रहीम जनि काहु के, द्वार गये पछिताय।
संपति के सब जात हैं, विपति सबै लै जाय॥

खरच बढ़्यो, उद्यम घट्यो, नृपति निठुर मन कीन।
कहु रहीम कैसे जिए, थोरे जल की मीन॥

खीरा सिर तें काटिए, मलियत नमक बनाय।
रहिमन करुए मुखन को, चहिअत इहै सजाय॥

खैर, खून, खाँसी, खुसी, बैर, प्रीति, मदपान।
रहिमन दाबे ना दबैं, जानत सकल जहान॥

गरज आपनी आपसों, रहिमन कही न जाय।
जैसे कुल की कुलबधू, पर घर जाय लजाय॥

चाह गयी चिन्ता मिटी, मनुआ बेपरवाह।
जिनको कछू न चाहिए, वे साहन के साह॥

चित्रकूट में रमि रहे, रहिमन अवध नरेस।
जा पर बिपदा पड़त है, सो आवत यह देस॥

चिन्ता बुद्धि परेखिए, टोटे परख त्रियाहि।
उसे कुबेला परखिए, ठाकुर गुनी किआहि॥

छिमा बड़न को चाहिए, छोटेन को उतपात।
का रहिमन हरि को घट्यो, जो भृगु मारी लात॥

छोटेन सो सोहैं बड़े, कहि रहीम यहि रेख।
सहसन को हय बाँधियत, लै दमरी की मेख॥

जब लगि बित्त न आपुने, तब लगि मित्र न कोय।
रहिमन अंबुज अंबु बिनु, रवि नाहिंन हित होय॥

ज्यों नाचत कठपूतरी, करम नचावत गात।
अपने हाथ रहीम ज्यों, नहीं आपुने हाथ॥

जे गरीब पर हित करैं, ते रहीम बड़ लोग।
कहाँ सुदामा बापुरो, कृष्ण मिताई जोग॥

जे रहीम बिधि बड़ किए, को कहि दूषन काढ़ि।
चन्द्र दूबरो कूबरो, तऊ नखत तें बाढि॥

जे सुलगे ते बुझि गए, बुझे ते सुलगे नाहिं।
रहिमन दोहे प्रेम के, बुझि बुझि कै सुलगाहिं॥

जेहि अंचल दीपक दुर्यो, हन्यो सो ताही गात।
रहिमन असमय के परे मित्र शत्रु ह्वै जात॥

जैसी जाकी बुद्धि है, तैसी कहै बनाय।
ताकों बुरा न मानिए, लेन कहाँ सो जाय॥

जो पुरुषारथ ते कहूँ, सम्पति मिलत रहीम।
पेट लागि वैराट घर, तपत रसोई भीम॥

जो बड़ेन को लघु कहें, नहिं रहीम घटि जाँहि।
गिरधर मुरलीधर कह, कछु दुख मानत नाहिं॥

जो रहीम उत्तम प्रकृति, का करि सकत कुसंग।
चन्दन विष व्यापत नहीं, लपटे रहत भुजंग॥

जो रहीम ओछो बढ़ै, तौ अति ही इतराय।
प्यादे सों फरजी भयो, टेढ़ो टेढ़ो जाय॥

जो रहीम गति दीप की, कुल कपूत गति सोय।
बारे उजियारो लगे, बढ़े अँधेरो होय॥

जो रहीम गति दीप की, सुत सपूत की सोय।
बड़ो उजेरो तेहि रहे, गए अँधेरो होय॥

टूटे सुजन मनाइए, जौ टूटे सौ बार।
रहिमन फिरि फिरि पोहिए, टूटे मुक्ताहार॥

तन रहीम है कर्म बस, मन राखो ओहि ओर।
जल में उलटी नाव ज्यों, खैंचत गुन के जोर॥

तब ही लौ जीबो भलो, दीबो होय न धीम।
जग में रहिबो कुचित गति, उचित न होय रहीम॥

तरुवर फल नहिं खात हैं, सरबर पियहिं न पान।
कहि रहीम पर काज हित, संपति सँचहि सुजान॥

थोथे बादर क्वाँर के, ज्यों रहीम घहरात।
धनी पुरुष निर्धन भये, करै पाछिली बात॥

दीन सबन को लखत है, दीनहिं लखै न कोय।
जो रहीम दीनहिं लखै, दीनबन्धु सम होय॥

दुरदिन परे रहीम कहि, भूलत सब पहिचानि।
सो!च नहीं वित हानि को, जो न होय हित हानि॥

धन थोरो इज्जत बड़ी, कह रहीम का बात।
जैसे कुल की कुलबधू, चिथड़न माँह समात॥

धनि रहीम जल पंक को, लघु जिय पिअत अघाय।
उदधि बड़ाई कौन है, जगत पिआसो जाय॥

नात नेह दूरी भली, लो रहीम जिय जानि।
निकट निरादर होत है, ज्योति गड़ही को पानि॥

प्रीतम छबि नैनन बसी, पर छवि कहाँ समाय।
भरी सराय रहीम लखि, पथिक आप फिर जाय॥

प्रेम पन्थ ऐसो कठिन, सब कोउ निबहत नाहिं।
रहिमन मैनतुरंग चढ़ि, चलिबो पाठक माहिं॥

बड़े बड़ाई नहिं तजैं, लघु रहीम इतराइ।
राइ करौंदा होत है, कटहर होत न राइ॥

बिगरी बात बनै नहीं, लाख करौ किन कोय।
रहिमन फाटे दूध को, मथे न माखन होय॥

बिपति भए धन ना रहे, रहे जो लाख करोर।
नभ तारे छिपि जात हैं, ज्यो रहीम भए भोर॥

मथत मथत माखन रहै, दही मही बिलगाय।
रहिमन सोई मीत है, भीर परे ठहराय॥

मनि मानिक महँगे किये, ससतो तृन जल नाज।
याही ते हम जानियत, राम गरीब निवाज॥

मान सहित विष खाय के, सम्भु भये जगदीस।
बिना मान अमृत पिये, राहु कटायो सीस॥

□□□